a resposta está dentro de você

a resposta está dentro de você

yung pueblo

Tradução de Jaime Biaggio

intrínseca

Copyright © 2018 by Diego Perez Lacera

Todos os direitos reservados. Nenhuma parte deste livro pode ser utilizada ou reproduzida sob quaisquer meios existentes sem autorização por escrito dos editores. Esta obra não pode ser exportada para Portugal, Angola e Moçambique.

TÍTULO ORIGINAL
Inward

PREPARAÇÃO
Thaís Carvas

REVISÃO
Letícia Féres
Thadeu Santos

PROJETO GRÁFICO
Henrique Diniz

DIAGRAMAÇÃO
DTPhoenix Editorial

DESIGN DE CAPA
Anders Villomann

CIP-BRASIL. CATALOGAÇÃO NA PUBLICAÇÃO
SINDICATO NACIONAL DOS EDITORES DE LIVROS, RJ

P975r

    Pueblo, Yung
      A resposta está dentro de você / Yung Pueblo; tradução Jaime Biaggio. – 1. ed. – Rio de Janeiro: Intrínseca, 2023.

      Tradução de: Inward
      ISBN 978-65-5560-848-9

      1. Autoconsciência. 2. Autorrealização (Psicologia). 3. Técnicas de autoajuda. I. Biaggio, Jaime. II. Título.

22-81241
CDD: 158.1
CDU: 159.947.5

Meri Gleice Rodrigues de Souza – Bibliotecária – CRB-7/6439

[2023]
Todos os direitos desta edição reservados à
EDITORA INTRÍNSECA LTDA.
Rua Marquês de São Vicente, 99, 6º andar
22451-041 — Gávea
Rio de Janeiro — RJ
Tel./Fax: (21) 3206-7400
www.intrinseca.com.br

eis duas das grandes lições
que a humanidade aprenderá no século XXI:

ferir o outro é ferir a si mesmo

quando você se cura, cura o mundo

reivindique o seu poder,
cure-se,
ame-se,
conheça-se —
essas frases se tornam
mais e mais comuns. *por quê?*

porque são os caminhos para
a nossa liberdade e a nossa felicidade.

sumário

11	distância
57	união
145	interlúdio
157	amor-próprio
177	compreensão

distância

antes de ser capaz de liberar
o peso da minha tristeza
e da minha dor,
tive de honrar
a existência desse sentimento

a resposta está dentro de você

nunca fui viciado
em algo específico;
era viciado em preencher
um vazio
interior
com algo que não
meu próprio amor

tentar
unicamente
amar os outros
sem primeiro amar a si mesmo
é como construir uma casa
sem uma base sólida

três coisas tornam a vida mais difícil:

não se amar
se recusar a crescer
não se desapegar

vivi por muito tempo
com um coração fechado,
não por ter
medo de me machucar
mas por ter medo
da dor
que lá no fundo se escondia

a resposta está dentro de você

antes de sermos capazes
de curar e de nos desapegar,
o que nos aflige
profundamente
tem de vir
à superfície

passei tempo demais
criando versões de mim mesmo
muito distantes da realidade,
personagens que interpretava
dependendo de quem estivesse ao redor

camadas que pudessem esconder
a dança interior da agitação,
entre minha falta de confiança,
a dor que eu não compreendia,
e o desconforto inerente
a buscar nos outros
o amor que eu não dava a mim mesmo

(antes da cura)

fugi por muito tempo
da minha sombra
até compreender
que nela encontraria
minha liberdade

muitos de nós perambulamos pela Terra como estranhos para nós mesmos, sem saber o que é verdade, por que sentimos o que sentimos, nos esforçando conscientemente para reprimir experiências ou ideias atordoantes demais para observarmos e exprimirmos. é um paradoxo que ocorre na mente humana: fugimos do que não queremos encarar, do que nos faz sentir dor e dos problemas para os quais não temos respostas, mas ao fugirmos de nós mesmos também estamos fugindo da nossa própria liberdade.

é por meio da observação de tudo o que somos e da aceitação do que observamos com sinceridade e sem julgamentos que podemos liberar a tensão que cria ilusões na mente e muros ao redor do coração. esse é o motivo pelo qual as chaves para a liberdade se encontram em nossa sombra: porque quando observamos nossa sombra, levando para o interior nossa luz de conscientização, o ego começa a se dissipar no nada e o subconsciente é lentamente compreendido.

a mente está cheia de sombras, mas elas não são capazes de fazer frente à paciência e à perseverança da luz — nossas mentes podem se tornar estrelas, poderosos campos unidos de pura luz. mas, ao contrário das estrelas, a mente curada habitará um espaço de consciência e sabedoria.

quando nos desconectamos
de nossa dor
paramos de crescer

quando somos dominados
por nossa dor
paramos de crescer

liberdade é observar a dor
deixá-la ir
e seguir em frente

(o caminho do meio)

não é amor
se tudo o que querem
de você
é que corresponda
às expectativas deles

um dos meus maiores
erros
foi acreditar
que outra pessoa
pudesse juntar
todos os pedaços de mim

tome cuidado
para que os muros
que você ergue
para se proteger
não virem uma prisão

mudanças no mundo externo podem causar grande infelicidade quando não sabemos como nos comprometer e curar a nós mesmos. momentos de dor e desconforto, ou encontros com ideias que possam quebrar as imagens mentais que criamos do mundo, são normalmente coisas das quais não apenas fugimos, mas também nos defendemos erguendo muros. esses muros que erguemos em nossa mente e em nosso coração só fazem sentido quando são os únicos recursos que temos. todos temos o direito de nos protegermos da dor. mas estejam alertas: tais muros de proteção podem acabar virando muros de prisão — quanto mais paredes erguemos ao nosso redor, menos espaço nos resta para crescermos e sermos livres. sentimos mais dificuldade de nos livrar dos hábitos que causam a infelicidade se estamos cercados pelos muros psicológicos que construímos, levando-nos à estagnação e a um ritmo no qual corremos em um espaço que vai diminuindo cada vez mais.

o oposto desse modo de ser é ter práticas que nos ajudem a mergulhar fundo em nosso interior para dissolver os muros, curar os padrões que causam dor, liberar cargas e traumas e descobrir o universo que reside dentro de cada um de nós. quando traçamos uma jornada para dentro de nós mesmos e nos liberamos dos blocos que sustentam nossos muros, começamos naturalmente a criar um novo e amplo espaço de consciência. e então, quando algo ocorre no mundo externo, contamos com mais espaço e tempo para analisar como gostaríamos de reagir, em vez de fazê-lo de forma leviana e reforçar antigos padrões.

o corpo contém
nossas emoções passadas

o trabalho de cura
cria espaço
para liberarmos
o que sentimos
tempos atrás

não fuja
das emoções pesadas

honre a raiva;
dê à dor o espaço
de que ela precisa para respirar

é assim que nos libertamos

lembrete:

quando o corpo está cansado
a mente tende a criar
preocupações nas quais pôr o foco

sempre pergunte a si mesmo:

estou observando a situação
corretamente
ou projetando meus sentimentos
naquilo que está acontecendo?

às vezes
sentimos vontade de explodir —
não por um motivo específico
ou para ferir ninguém

mas simplesmente
por estarmos crescendo,
liberando,
deixando as partes antigas morrerem,
para que novos hábitos,
novas formas de existir,
tenham espaço para viver

(mudando)

às vezes a clareza mental mais profunda
surge depois de grandes tempestades internas

o processo de cura pode ser caótico

ter uma visão sincera de si mesmo
pode ser duro e atordoante; pode até
desequilibrar a vida temporariamente

é um processo difícil, o de se abrir
para liberar os fardos

como ao tirar espinhos do corpo,
a princípio pode doer, mas,
no fim, é para o seu bem maior

as nuvens escuras da tempestade
são necessárias para o crescimento

a resposta está dentro de você

um pedido de desculpas para quem já amei:

eu não estava pronto
para te tratar bem

não sabia que o amor
tinha de ser generoso

não sabia que minha dor
detinha o controle sobre meus atos

não sabia quão distante
estava de mim mesmo
e como essa distância
sempre nos mantinha
a quilômetros um do outro

(coração cego)

quando a paixão
e o vínculo
se unem,
é comum
confundi-los com amor

passei a maior parte da vida
tentando provar
a mim mesmo e aos outros
que não sentia dor
nem tristeza

algumas pessoas chegam ao fundo do poço
antes de se transformarem por completo
pois precisam da distância para enxergar
quem realmente desejam ser

perguntas:

estou sendo sincero comigo mesmo?

estou me concedendo o espaço para a cura?

estou sendo compassivo e paciente comigo mesmo
quando não alcanço minhas metas
tão rápido quanto pretendia?

estou fazendo o necessário para crescer?

ego é
duvidar de si
se odiar
ansiedade
narcisismo
medo dos outros
rispidez
impaciência
falta de compaixão
e de ilusões

o ego vê problemas

a consciência vê soluções

ego não é somente a ideia de que somos melhores
e mais importantes do que os outros; costuma
aparecer na forma de emoções baseadas em medo
que se apossam de nossa mente quando já não
acreditamos ser capazes de grandes realizações,
quando nos desprezamos e nos tratamos de forma
severa.

o ego nos faz enxergar o mundo a partir de ilusões
carregadas de medo; nos leva a tratar outras pessoas
da mesma forma punitiva com que tratamos a nós
mesmos.

o ego é uma nuvem que cerca a consciência e
perturba a clareza. quando cultivamos o amor-próprio,
o ego diminui; quando nos purificamos e liberamos os
fardos mentais, o ego perde força. o aprendizado da
cura faz com que não odiemos nosso ego nem nos
tornemos complacentes com as limitações que ele
impõe em nossa vida. a maior das felicidades —
a mais profunda sensação de liberdade, uma paz
inabalável — é possível quando o ego deixa de reinar,
quando o amor gerado pela consciência flui sem
interrupção.

o próprio mundo está em transformação, antes comandado pelo medo advindo do ego, hoje libertado pelo amor gerado pela consciência; o que enfrentamos internamente é um microcosmo do que a humanidade enfrenta globalmente — e por isso cultivar o amor-próprio é um remédio para o planeta em que vivemos.

se você medir
o comprimento
do seu ego,
terá a distância
que te separa
da sua liberdade

se você
se encontra
muito longe
de si mesmo,
como conseguir
ser próximo
de outra pessoa?

o que acontece dentro de nós
se revela na energia
de nossos atos e palavras

a honestidade cria conexões íntimas
e diminui a turbulência da vida

a desonestidade cria distância e problemas
com os quais será preciso lidar no futuro

se não estamos
crescendo,
provavelmente
estamos sofrendo

não há um único momento em que a mudança não esteja presente. a constante do universo, o movimento da impermanência, é nitidamente perceptível no mundo ao redor
e no mundo dentro de nós.

se examinarmos a natureza, é evidente que ela vive em um estado constante de mudanças dinâmicas.
as árvores são um ótimo exemplo: em ciclos, alternam experiências de crescimento com outras de liberação, e sempre vivas, e sempre crescendo.
se nos recusamos a crescer, nosso movimento é contrário ao fluxo da natureza; o fluxo da mudança é tão poderoso que resistir a ele não causa nada além de dificuldades.

às vezes crescer dói, mas é um tipo de dor fácil de aguentar, pois nos ajuda a nos apresentar como a melhor versão de nós mesmos.

o maior presente
que a tristeza me deu
foi a motivação
para me transformar

a resposta está dentro de você

não deixe uma mente enevoada te manipular
a fazer algo que já não faz sentido

lembrete:

é possível amar as pessoas
e ao mesmo tempo
não permitir que elas machuquem você

a resposta está dentro de você

a maior inquietação
de que as pessoas sofrem
é a falta de crença
em seu próprio poder

despedaçar-se
a ponto de
d e s p e n c a r
tão fundo
que a única coisa
a fazer é
s e e r g u e r
como uma nova identidade

(fênix)

união

a cura
que você
tanto busca
é sua própria coragem
de se conhecer e se amar
por completo

não aconteceu
da noite para o dia
e ninguém
me deu de presente

sou o criador
da felicidade e do amor
que crescem dentro de mim

torne o seu crescimento
sustentável
adotando um ritmo
desafiador
mas não opressivo

tendemos a duvidar
de nosso crescimento em meio a um
grande salto; segure firme
e permita-se desabrochar

não desejo
mudar o passado

foi o que me fez ser
quem sou hoje

só quero
aprender com ele
e viver de um jeito diferente

desapegar
não significa esquecer;
significa deixar de carregar
a energia do passado
no presente

a cura começa com a aceitação e culmina no desapego.

quando acometidos de grande infelicidade, ela permanece conosco enquanto nos apegarmos a ela. vínculos se formam por causa da energia que gastamos para reter o ocorrido, ou a imagem do que queremos que ocorra, bem no fundo da nossa mente e do nosso corpo — é essa a causa da tensão em nosso ser. quando nos atrelamos a tais vínculos, eles viajam conosco, como um fardo do passado, rumo ao presente e ao futuro. podem mesmo ser repassados aos nossos descendentes muito depois de partirmos.

o milagre de nos curarmos é muito poderoso, porque no movimento de aceitação e desapego, renunciamos à energia do fardo não apenas no presente, mas também no passado e no futuro. imagine a linha do tempo da sua vida. agora imagine os fardos que carrega como uma linha extra, uma camada acima. à medida que nos libertamos da infelicidade, essa camada extra se torna mais e mais fina. não vai mudar o que aconteceu, mas a energia extra que carregamos por causa de tais ocorrências não mais pesará sobre a linha do tempo de nossa vida. o que passou, passou, mas tais momentos já não vêm acompanhados de dor e tristeza; agora são experiências com as quais aprender, lições que nos trazem a um presente de maior liberdade, felicidade e sabedoria.

ao crescer rapidamente
e experimentar
percepções tão profundas
a ponto de já não poder
olhar para si ou para o mundo
da mesma forma

seja gentil
dê a si mesmo
o tempo e o espaço
para acomodar-se em seu novo eu

(integre-se)

a resposta está dentro de você

vamos criar
e s p a ç o
para a cura profunda
em nosso mundo

um sinal real
de progresso
é quando paramos
de nos punir
por nossas imperfeições

você
caminhou em meio ao fogo
sobreviveu a enchentes
e triunfou
sobre seus fantasmas
lembre-se disso
da próxima vez que duvidar
de seu poder

ela acreditou que os danos
à sua mente e ao seu coração eram permanentes,
até conhecer a sabedoria, que a ensinou
que nenhuma dor ou ferida é eterna, tudo
pode ser curado e o amor pode vicejar
até nas mais áridas partes de seu ser

pergunte-se:

esta preocupação é real ou minha mente só quer procurar algo em que se agarrar?

yung pueblo

a mente é uma série de padrões

se desejarmos mudar a nós mesmos
devemos criar novos hábitos

quando criamos novos hábitos
estamos criando uma nova vida

carregamos
nossos apegos
e dor
em nosso corpo;
quando os liberamos,
nosso corpo muda

um corpo é um campo de energia em movimento e um sistema de informação. à medida que a vida continua suas oscilações, tendemos a acumular apegos, fardos e tristezas. nos agarramos a eles com tanta força que acabam integrados em nosso corpo, causando bloqueios e rupturas no fluxo do nosso sistema, capazes de limitar o acesso às melhores versões possíveis de nós mesmos — isso às vezes se manifesta na forma de males ou doenças, bem como em falta de confiança em nosso próprio poder e falta de compreensão sobre o universo.

quando usamos técnicas de cura purificadoras, o corpo começa a desatar esses nós de apego e permite que o nosso campo de energia recupere o equilíbrio e se mova com mais liberdade e poder. isso causa mudanças em nosso corpo: não só mudanças físicas, como a cura de doenças ou males, mas também mudanças imateriais e internas, como acreditar mais em si, o aumento do amor e a aspiração de alcançar a sabedoria. de fato, não há separação entre a mente e o corpo; movimentam-se em uníssono guiados pelo que temos na mente.

se você perde tempo demais
não se permitindo ser criativo
pode literalmente começar a adoecer

você nasceu para criar
deixe fluir, não pense demais

não estou totalmente curado
não sou totalmente sábio
ainda estou no caminho
o que importa é que
vou sempre em frente

percebi estar no rumo certo quando
comecei a sentir paz em situações
onde normalmente sentia tensão

encontre as ferramentas de que precisa para a cura

sempre que conheço mais sobre mim
posso entender e amar mais você

uma pessoa
cresce em beleza
sempre que
se afasta
do que a prejudica
e se aproxima
de seu próprio poder

nunca se esqueça daqueles
que enxergaram sua grandeza
mesmo nos momentos mais sombrios

de onde vêm as boas decisões?
de uma mente tranquila

como se mede a nossa paz?
pela calma em momentos de tempestade

como é possível saber se estamos apegados a algo?
pela tensão que isso cria em nossa mente

onde se dão as batalhas e vitórias das grandes revoluções?
no coração

sabe por que você é poderoso?
porque pode mudar o futuro

alimente seu fogo
purifique seu ar
cuide da sua terra
trate da sua água

(autocuidado)

progresso
é quando
nos perdoamos
pelo tempo
que levamos
para tratar
nosso corpo
como um lar

a resposta está dentro de você

em uma só vida
podemos renascer muitas vezes

e ela então avança,
com um pouco mais de sabedoria,
um coração mais aberto
para o amor e uma mente
pronta para acolher
a cura profunda

(desapego)

me sinto vitorioso
e livre a cada momento
em que não meço meu
valor pessoal pelas
coisas que faço ou tenho

um parceiro
que apoie seus sonhos
e sua cura
é uma pedra preciosa,
o céu em forma humana

(amor altruísta)

um herói
é aquele que cura
as próprias feridas
e então mostra aos outros
como fazer o mesmo

comecei a expor
a minha verdade
quando ser livre
tornou-se mais
importante do que proteger
os medos do meu ego

seu renascimento foi espantoso —
ela se ergueu
das profundezas do desespero,
agarrou-se a seus sonhos,
encravou-os em seu coração,
e seguiu em frente, rumo a
um futuro que somente sua vontade
e sua visão poderiam controlar

(renovação)

fechei meus olhos
para contemplar meu interior
e encontrei um universo
esperando para ser explorado

muito da minha confusão e tristeza veio do
sentimento de desconexão comigo mesmo. a maior
jornada de minha vida até aqui foi aquela em que dei
fim à alienação entre mim e tudo o que sou, aquela
em que conectei minha luz e minha sombra, em que
uni o que queria saber com o que não queria
enfrentar. somente por meio dessa união e dessa
sinceridade comecei a me sentir em casa dentro do
meu próprio ser.

(voltando para casa)

se forçar
a ser feliz
não é genuíno
ou útil

ser honesto
quanto ao que se sente,
e ainda assim permanecer
calmo e consciente,
é o verdadeiro trabalho

lembrete:

um sinal de crescimento é
estar bem com não estar bem

há uma diferença importante entre se entregar à
infelicidade e compreender que, no caminho da cura,
às vezes nos depararemos com situações que nos
levarão a sentir os antigos padrões e emoções
em que estamos trabalhando para nos livrar.

há um grande poder em honrar a realidade de nossas
atuais emoções — sem alimentá-las ou piorá-las, mas
simplesmente reconhecendo que elas estão surgindo
neste momento e vão mudar. quando criamos esse
espaço dentro de nós — um espaço de calma
imperturbável pela tempestade —, esta tende a
passar mais rápido.

exercitar tal grau de honestidade dentro de nós
mesmos ajuda em todos os aspectos internos e
externos da vida — não há liberdade real sem
honestidade, e também não pode haver paz de
espírito.

curar a nós mesmos não é ter uma sensação
constante de júbilo; o apego ao júbilo é uma prisão
por si só. tentar nos forçar a ser feliz é
contraproducente, pois reprime a realidade por vezes

dura do momento, empurrando-a bem para o fundo de nosso ser, em vez de deixá-la vir à tona e ser liberada.

curar a nós mesmos é o movimento pessoal em que embarcamos para nos livrar de todos os condicionamentos que limitam nossa liberdade; nesta jornada, inevitavelmente haverá momentos de júbilo e de dificuldades. A verdadeira felicidade e o verdadeiro crescimento derivam da realidade que vivemos, não de sensações momentâneas e fugazes de júbilo.

a resposta está dentro de você

quanto mais amor
em meu corpo,
menos mal
meu corpo pode fazer

quem eu sou muda sempre,
não porque seja falso
mas por estar sempre aberto
ao crescimento e à transformação

pode ter levado muito tempo,
mas no fim não importava.
após longo processo curativo de
auto-observação, ela agora tinha
força, ela agora tinha coragem
e sabedoria para brandir com virtude
sua mágica redescoberta. já não fugia
da dor ou dos problemas,
já não permitia que ilusões
se apoderassem de sua mente, já não
duvidava que o grande elemento
curativo de que dispunha era seu
amor-próprio incondicional.

(a cura está em você)

querida lua,

obrigado por iluminar a escuridão,
por me ajudar a me conhecer melhor do que antes,
por dar tempo e mágica à terra e ordem às estrelas
de nossas noites. és a mãe que tudo vê, que tudo sabe
e que nada pede em troca.

confio naqueles
que sempre
buscam o crescimento

o inegável esplendor
de alguém que não teme
crescer, ser livre, prosperar

a resposta está dentro de você

encontre alguém com quem você possa se curar

quero um amor que não quebre
que me dê água
quando o fogo me consumir
que me ofereça abrigo
quando eu estiver perdido
que me ajude a ver
que o herói
que tanto procuro
sou eu

(parceiros)

o amor verdadeiro começou
quando ambos deixamos de ter expectativas
e focamos em nos doar

muitas formas de amor contemporâneas incluem condições, o que significa que temos uma ideia à qual queremos que nossos entes queridos se adequem. às vezes não enxergamos nossas esperanças e expectativas para os mais próximos de nós como formas condicionais de amor, pois entendemos o que queremos para eles como "bom". inconscientemente, ao lhes desejarmos o "melhor", limitamos nossa capacidade de lhes dar a melhor e mais poderosa forma de amor, um amor altruísta, que os encoraja a decidir por eles mesmos o que consideram melhor para a própria vida.

muito do que pensamos ser amor é na verdade apego e expectativa. não é fácil focar em nos doar nos relacionamentos; é um hábito que requer fortalecimento, repetição, a cura da nossa mente e permitir que nossa natureza altruísta se apresente e se torne o nosso novo normal. uma harmonia especial se instala quando duas pessoas focam em dar mais de si ao outro, uma comunicação sutil e uma consciência crescente que lhes permita melhor apoiar a felicidade do outro.

se nossa preocupação é "como garantir que o que eu desejo se realize?", talvez uma pergunta melhor seja: "focar puramente em ter meus desejos atendidos me trouxe felicidade?". as pessoas mais felizes, aquelas que conseguiram purificar sua mente de todos os condicionamentos e ânsias, tendem a ter tamanha compaixão e compreensão sobre amar que o foco natural de sua vida é doar-se ao outro. na doação e na clareza mental encontram a felicidade.

embora muitos de nós estejamos longe de alcançar o estado de completa liberação mental, sempre vale a pena entender que se doar é uma das forças mais poderosas que podemos colocar em movimento, por meio da doação não apenas apoiamos quem está ao nosso redor como também seguimos sabiamente a lei da natureza — tudo o que fazemos acabará retornando para nós de uma forma ou de outra. se todos focarem em se doar, todos receberemos mais.

estavam todos errados.
esta dor, este desalento,
estes hábitos nocivos,
nada disso dura para sempre

por quê? porque o coração
é feito de água e
a mente é feita de fogo —
a essência de ambos é a mudança

o desejo de curar a si mesmo pode remover
as manchas mais profundas de nosso espírito

a resposta está dentro de você

progresso é estar ciente quando
uma tempestade ocorre dentro de você
e manter a calma durante a passagem dela

o que significa "viver o amor"?

significa renunciar a julgamentos para podermos enxergar o mundo e nós mesmos pelas lentes da compaixão. significa permitir que a sabedoria do amor orquestre nossos atos, sempre tentar produzir movimentos pensados em apoio ao bem de todos os seres e irradiar paz para o oceano da humanidade, a cada passo. viver o amor é nos permitirmos atravessar a vida com o coração aberto para que todos possam se beneficiar de nossa boa vontade e gentileza. é perguntarmos a nós mesmos "como o amor curaria esta situação?" antes de nos manifestarmos.

quero viver em um mundo em que o mal
não seja sistêmico, onde a sociedade
seja organizada pelo amor, onde o planeta
seja respeitado e onde a vida
seja valorizada acima de tudo

qualquer um que esteja disposto
a se conhecer,
a encarar a si próprio com
honestidade e se dedicar a
amar a si e a todos os seres
incondicionalmente
é um herói e contribui
para a paz da humanidade

duas coisas são verdade:

pessoas que se conhecem e se amam verdadeiramente
são incapazes de odiar outras pessoas

assim como a terra nos ancora e alicerça,
ela é curada e nutrida por nosso
amor incondicional

humanos são profundos como oceanos
e, no entanto, a maioria de nós passa a vida
sem ir além da superfície

quando decidimos mergulhar fundo
dentro de nós mesmos, alavancamos
o milagre da evolução pessoal

(cura mais profunda)

ainda que a dor
um dia tenha parecido
insuportável e eterna,
a paz que sinto hoje
é evidência
da capacidade de cura do coração

yung pueblo

procurei por toda parte
por conhecimento
quando tudo o que de fato
procurava era sabedoria

não a informação que
me enche a mente de detalhes e fatos

mas as experiências que me enchem
de liberdade, cura e
luz do conhecimento

(libertação)

a resposta está dentro de você

chegou então o dia
em que olhei num espelho
e vi dez mil faces;
naquele momento entendi
que meu corpo não apenas
comporta uma miríade de histórias
mas que também existo
em muitos lugares
e muitas vezes
ao mesmo tempo

(atemporal)

renascimento:

o momento em que as pessoas
acordam para o poder que têm
e começam a se aproximar
da liberdade

minha missão
é curar
a minha mente
com sabedoria
e impregnar
de amor
o meu corpo

yung pueblo

permita-se transformar-se
quantas vezes forem necessárias
para ser plenamente feliz e livre

o movimento para o interior pode ser resumido assim: nos observamos, aceitamos sem julgamento o que encontrarmos, nos desapegamos, e essa liberação em si leva à nossa transformação.

já estamos em constante mudança, mas quando focamos na cura, podemos mudar na direção que escolhermos; esses são momentos em que reivindicamos intencionalmente o nosso poder. a cada momento que dedicamos ao autoconhecimento, retornamos como alguém novo.

tudo o que acalma e concentra a mente leva à liberação purificadora de velhos fardos que pesam sobre nós. a simples observação interior já é capaz de levar alguém ao sucesso, mas quando fazemos isso por meio de técnicas de cura comprovadas, entre as quais diferentes formas de meditação e práticas dos asanas da ioga, entre muitas outras coisas, aceleramos o processo de mudança.

técnicas diferentes acessam níveis distintos da mente. em última instância, qualquer prática que pareça desafiadora sem ser opressiva e que traga

resultados reais é a ideal para você no momento.
ao progredirmos, talvez possamos usar ferramentas
mais específicas para a cura mais profunda. qualquer
coisa que cure nosso subconsciente e crie espaço
para o amor é poderosa o bastante para mudar
nossa vida por completo.

quando as coisas ficarem difíceis, lembre-se de que não estamos construindo algo pequeno, estamos erguendo um palácio de paz dentro de nosso próprio coração. é preciso determinação e esforço para completar algo de tamanha beleza e magnitude.

quando quiser se modificar, não mude tudo de uma vez.
escolha primeiro algumas coisas nas quais focar.
a chave é criar as condições para o êxito.

tentar mudar muitas coisas ao mesmo tempo é por
vezes opressivo. promover consistentemente
algumas mudanças, adotá-las em sua vida até
integrarem-se à rotina como novos hábitos positivos,
ajuda a construir bases sólidas para transformações
futuras. criar as condições para a vitória ajuda a criar
impulso; torna muito mais factível a consistência
exigida para alcançar metas maiores no futuro.

meta:

encontrar o equilíbrio
entre ser produtivo
e ser paciente

o desapego é um remédio
que cura o coração

o desapego é um hábito
que exige prática

o desapego é mais bem praticado
por instinto, e não racionalmente

o abatimento vem do apego ferrenho a emoções que nunca deveriam ter sido mais do que efêmeras. não é fácil praticar o desapego, especialmente quando isto é tudo com o que tivemos contato. queremos que as coisas durem para sempre e transformamos momentos difíceis em dor permanente pelo simples fato de não termos aprendido a desapegar. não aprendemos que a beleza da vida está no movimento da mudança. desapegar não significa esquecer, nem mesmo desistir. significa apenas não permitir que nossa felicidade no presente seja determinada por acontecimentos do passado ou por aqueles que desejamos que ocorram no futuro.

não há mistério
no milagre da autocura;
são a coragem, o compromisso
e a consistência que nos levam
da angústia à paz interior

a resposta está dentro de você

reuni meus hábitos
e me livrei
daqueles que
nunca me levariam
à felicidade e à alegria duradouras

estou encontrando mais tempo para
as pessoas que me fazem querer ser
a melhor versão de mim mesmo

à medida que o amor dela aumentava,
sua capacidade de sentir o que
não podia ver e de ouvir a sabedoria do
eterno ganhava força. a caminhada pela rota
da liberdade fez com que mudasse; por mais que
ainda vivesse momentos de difícil liberação,
o sentimento de unidade jamais deixava
seu corpo. agora que vivia sua vida no
gramado entre a mortalidade e o
infinito, ela sentia que o espaço no
próprio coração era igual ao coração
da terra e ao coração do universo.

(consciência)

~~obrigado por me fazer feliz~~

obrigado por apoiar minha felicidade

a resposta está dentro de você

sou
mais forte
quando
estou calmo

as coisas
que rejeitamos
nos mostram
a fundo
nosso compromisso
com o crescimento

quando tudo ao seu redor é o caos
a escolha mais sábia é criar
a paz no seu interior

sua paz irradia brilho
e favorece a criação
de uma nova harmonia

(meditação)

vivemos em uma época singular, em que emoções movidas a medo e ódio se aproximam da superfície para que possam ser totalmente liberadas, para que possamos criar um novo mundo onde formas institucionalizadas de injúria não mais representem um fator em nossa vida. se assim funciona para indivíduos, também funciona para a humanidade como um todo — não é possível curar o que se ignora, nem viver plenamente feliz e livre quando se continua a correr da própria escuridão.

particularmente, minha fé está nas pessoas. nossa coragem de nos voltarmos para nosso interior, na esperança de revelar e liberar tudo o que se interpõe à nossa transformação em seres de amor incondicional, é o que trará harmonia e paz ao nosso mundo. a unidade com os que estão à nossa volta é mais possível quando aqui dentro nos tornamos plenos e amorosos. a sabedoria flui com mais facilidade no meio de nós quando nossa mente e nosso coração já não reagem ao sofrimento da vida cotidiana. isso não significa que nos tornaremos frios e distantes; significa que aprenderemos a responder com calma às mudanças inevitáveis da vida sem causar angústia a nós mesmos. aprenderemos a responder à vida e a não reagir a ela levianamente.

humanos afetam profundamente uns aos outros, de maneiras que o mundo em geral está começando a entender agora. quando damos início ao nosso processo de cura, isso desencadeia ondas que nos conectam aos que se curaram no passado e aos que se curarão no futuro. quando nos curamos, damos força aos que necessitam de mais apoio para iniciarem a própria jornada pessoal de cura. o que fazemos reverbera através do tempo e do espaço — como uma pedra atirada em um lago, os círculos que cria se movem em todas as direções.

ao contemplar o passado
ela notou que a estrada
que havia percorrido
não era uma simples linha reta.
sua jornada rumo ao amor pleno
por si própria e pelo mundo
era cheia de movimentos
para a frente e para trás,
guinadas, curvas, desvios,
e até mesmo algumas pausas.
às vezes, ela duvidava de
seu progresso, de
seu potencial e até de
sua força para mudar.
mas hoje, com a
sabedoria da experiência à mão,
ela sabe que nunca poderia
ter chegado onde chegou
sem todos os movimentos que fez.

(experiência)

transformações sérias começam
com dois compromissos:

a *coragem* de experimentar o novo
e agir de um jeito diferente

a *honestidade* de não mais
se esconder ou mentir para si

as pessoas
com força
para se mover e agir
guiadas pelo amor incondicional
trarão a cura e serão
os heróis do nosso planeta

(um novo equilíbrio)

interlúdio

havia uma mulher que morava numa pequena cidade perto de uma alta montanha. vivera em sua amada cidade por toda a vida. todos na comunidade a tinham em alta conta e apreciavam sua gentileza e serenidade. ela levava uma vida discreta e trabalhava como qualquer pessoa normal.

aqueles próximos à mulher sabiam que ela era uma pessoa dedicada à meditação, que se sentava em silêncio por algumas horas por dia em profunda auto-observação. quando questionavam por que ela levava a meditação tão a sério, simplesmente respondia com a frase: "gosto de aprender e a paz é importante para mim."

com o passar do tempo, a calma daquela mulher continuou a aumentar e um resplendor santificado tornou-se aparente em seus olhos — mas poucos estavam cientes de que uma grande mudança ocorrera em seu interior. chegou o dia no qual ela disse a todos os que lhe eram próximos que logo deixaria a cidade para viver sozinha, perto do topo da montanha. quando lhe questionaram por que iria embora, ela simplesmente respondeu "é chegada a

hora de desbloquear totalmente a minha liberdade".
alguns tentaram dissuadi-la, mas a maioria confiou
nela e se sentiu reconfortada em saber que a
montanha estava próxima.

uma década se passou, discreta e silenciosamente.
as pessoas começaram a pensar nela como um anjo
da guarda, pois, desde que se mudara para o alto da
montanha, a cidade se tornara mais calma e próspera;
imaginaram que teria sido por causa da energia boa
que ela emitia regularmente.

havia um grupo de jovens na cidade com vagas lembranças daquela mulher que lentamente se tornava uma lenda viva. eles estavam curiosos e sedentos pela sabedoria de alguém que se tornara um ser de completa liberdade. de alguma forma, todos sabiam que ela conquistara tal meta. nenhum deles a vira desde que eram crianças, mas ouviam histórias de gente que de vez em quando subia a montanha para visitá-la. quem a via voltava à cidade inspirado e rejuvenescido.

um dia, os jovens reuniram coragem e decidiram que era hora de visitá-la. organizaram suas perguntas, arrumaram mochilas para uma curta viagem e tomaram o rumo da montanha, na esperança de compartilharem da clareza daquela mulher.

seguem-se algumas das perguntas e respostas compartilhadas entre os jovens e aquela que é livre.

a resposta está dentro de você

perguntaram-lhe:

"como você se libertou?"

ela respondeu:

"abraçando meu próprio poder."

perguntaram-lhe:

"o que significa se amar?"

ela respondeu:

"significa expor e descartar tudo o que nos impede de alcançar a verdadeira felicidade; amar, honrar e aceitar toda e qualquer parte de si, especialmente aquelas que permanecem à sombra. significa observar-se continuamente com honestidade absoluta e sem julgamento. amar a si mesmo significa esforçar-se para atingir novos patamares de compreensão própria, para cultivar a sabedoria que a paz interior exige."

perguntaram-lhe:

"qual é a chave para salvar o mundo?"

ela respondeu:

"vocês. vocês são a chave. curem-se, conheçam-se, tornem-se plenos e livres. libertem-se de todos os limites para que seu amor possa fluir incondicionalmente, por vocês e pelo mundo. isto abrirá o céu do seu coração e os guiará, sem falta."

perguntaram-lhe:

"por que estamos neste mundo em uma época
com tanta angústia e desespero?"

ela respondeu:

"porque vocês responderam ao chamado. a terra
sinalizou que precisava de heróis, e os céus enviaram
os que estavam mais preparados para crescer e
liberar amor incondicional. vocês estão aqui para
irradiar a luz da sua cura, para oferecer ao mundo o
dom do seu equilíbrio
e da sua paz."

perguntaram-lhe:

"você é rica?"

ela respondeu:

"sim. levei anos para construir, mas hoje há um palácio que ergui em meu coração a partir de consciência, calma e sabedoria."

perguntaram-lhe:

"o que é o poder verdadeiro?"

ela respondeu:

"o poder verdadeiro é vivenciar a percepção de que você é a fonte da sua cura, é seu herói e líder. é quando você compartilha sua verdade com compaixão e paz. seu poder cresce quando você progride em sua liberdade e sabedoria. aqueles verdadeiramente poderosos não fazem mal a si próprios ou aos demais; usam sua energia para enriquecer com amor tudo o que conhecem."

amor-próprio

amor-próprio
é o início:
um aspecto essencial
que abre a porta
para o amor incondicional
por si próprio e por todos os seres

amor-próprio é a aceitação
sincera do passado

um compromisso de aproveitar
ao máximo o presente

e disposição de permitir
que o melhor ocorra no futuro

(pleno)

amor-próprio
é o alimento
que nos dá
a clareza e a força
para amar bem os outros

a resposta está dentro de você

amor-próprio é a evolução pessoal em ação

ser honesto
consigo mesmo
é um ato de
amor-próprio

a resposta está dentro de você

amor-próprio
é criar espaço
na sua vida
para curar
corpo e mente

não confundir amor-próprio
com se achar melhor
do que todos os outros

o verdadeiro amor-próprio é
aceitar a si mesmo por tudo que se é,
em especial, as partes mais sombrias

quanto mais nos amamos, mais facilmente
a prosperidade e os milagres podem fluir
para dentro de nossa vida

o amor-próprio tem o poder de liberar todos os
 bloqueios

yung pueblo

por meio do amor-próprio podemos viajar pelo universo

amor-próprio é fazer o que é preciso
para ser livre

o amor-próprio começa com a aceitação de onde estamos agora e do passado que carregamos, mas não para aí. amor-próprio é uma energia que usamos para nossa própria evolução pessoal; é o encontro e o equilíbrio de duas ideias criticamente importantes: amar quem somos no presente e, ao mesmo tempo, nos transformar na versão ideal de nós mesmos. embora essas ideias possam parecer contraditórias, ambas são necessárias para chegar ao sucesso. sem a aceitação, nossa transformação em uma versão mais feliz e livre de nós seria tremendamente difícil. por quê? porque é muito mais difícil mudar e nos livrar daquilo que odiamos.

o amor-próprio nos ajuda a mergulhar fundo em nós mesmos e a nos desapegar dos padrões subconscientes que impactam nosso comportamento e nossas emoções. o verdadeiro amor-próprio fica evidente quando alguém entende que a jornada rumo ao que está dentro de si é o caminho para a liberdade, que observar e liberar nossos fardos interiores nos tornará mais leves e mais conscientes. amor-próprio não faz crescer o ego; faz o oposto. é o ego que transporta as ânsias que nos fazem sofrer

— a ânsia incessante que repousa no âmago do ego é o derradeiro bloqueio que nos impede de alcançar a liberdade.

como o verdadeiro amor-próprio
é a porta de entrada
para o amor incondicional
por todos os seres,
isso deve significar
que muitas pessoas
em nosso mundo
sofrem de falta
de amor-próprio

(a paz que falta)

a resposta está dentro de você

seu
amor-próprio
é um remédio
para a terra

yung pueblo

à medida que
seu amor-próprio
se fortalece,
o mesmo acontece com as ondas
de mudança
que você pode criar

a beleza
do amor-próprio
é poder crescer
e se transformar
no amor incondicional
que dá fim a todas as agruras

com o amor-próprio, temos a determinação e a coragem de explorar a fundo o nosso interior usando a honestidade como guia. esse movimento interior transforma o nosso ser, ampliando significativamente a consciência de quem somos, nossa compreensão do universo e nossas capacidades como indivíduos. um belo resultado desse processo é o fato de que o nosso recém-descoberto espírito de compaixão para conosco não se limita a nós; ele desabrocha e se espalha para a vida dos outros, tendo a capacidade, caso seja cultivado de forma consistente, de abarcar todos os seres.

essa crescente compaixão se torna a peça central e o componente ativo de um amor que não conhece limites. o amor incondicional por nós mesmos e pelos outros tem total respeito pela nossa soberania como indivíduos e honra nossa força, não permitindo que ninguém nos faça mal. esse amor sem limites também nos traz clareza e graça renovadas, que ajudam a nos enxergarmos em todos os demais seres e a melhor compreender as perspectivas de cada um. confere a nós a força para tratar a todos com gentileza e a todos apoiar em sua meta de viver sem serem mais prejudicados.

o amor incondicional pode trazer equilíbrio ao nosso mundo. a clareza que produz pode nos ajudar a compreender melhor as raízes do mal e assim trabalhar para eliminá-las de forma que todos possamos ter a liberdade externa necessária para trabalharmos em nossa libertação interna. as forças da ganância e da reatividade causam mal e podem ser substituídas pelo amor, como motivação principal, e por reações gentis, como nossa principal forma de agir. para criar essa mudança no mundo, muitos terão de curar profundamente a si próprios, trabalhando seu interior, liberando os próprios fardos e criando espaço suficiente para seu amor-próprio respirar fundo e se expandir, transformando-o em amor incondicional.

quantos mais se expandirem rumo a esse campo de maior ausência de ego, mais o mundo se transformará conosco e será significativamente poupado da ganância que reside no âmago do desequilíbrio que hoje vivemos. não precisamos que nosso amor enquanto humanidade seja impecavelmente incondicional para mudar o mundo — sempre que nosso amor coletivo cresce, cria um futuro melhor.

compreensão

a cura exigirá mais de você

mais repouso
mais amor-próprio
mais desapego
mais tempo para aprender
mais espaço para se transformar
mais honestidade quanto a seus sentimentos
mais tempo para desenvolver bons hábitos
mais coragem para experimentar novas práticas
mais fé em si mesmo e no processo
mais tempo para cultivar a paz interior

coisas a praticar e integrar:

autoaceitação incondicional
não machucar a si ou aos outros
paciência sem complacência
dar sem esperar nada em troca

não posso
fazer você feliz,
mas posso
me comprometer
a te dar apoio
na criação
da sua própria felicidade

esperar que o outro solucione todas as nossas questões e nos conceda a felicidade que desejamos é esperar ver o nascer do sol sem abrir os olhos. é pedir a um rio que nos alimente sem mergulharmos nossas mãos na água. outra pessoa não pode ter a resposta para um enigma cuja solução compete exclusivamente à nossa mente. o universo procura nos iluminar e fortalecer, então é racional que sejamos os maiores detentores de nossa cura.

a felicidade pode parecer intangível. por mais que tentemos, independentemente de nossas condições externas, ela vem e vai. o mar da vida flui entre períodos de calma e de tempestade. algo alheio a nós nos causará algum tipo de dificuldade ou então algo em nosso interior virá à tona, pedindo para ser reconhecido e liberado. um ser humano é um acúmulo de aversões e ânsias, e elas periodicamente surgem das profundezas de nossa mente, para que tenhamos a oportunidade de nos desapegarmos delas. por quê? porque não é da nossa natureza carregar tantos fardos; devemos ser leves, livres, abertos à harmonia do amor e à sabedoria do universo.

ainda que a felicidade venha e vá, temos o poder de aprofundar a forma como a vivenciamos e aumentar o tempo que compartilhamos de sua natureza celestial. fazer isso exige esforço de nossa parte para aperfeiçoar nosso relacionamento conosco, de forma que possamos descobrir todos os obstáculos à nossa satisfação e extraí-los de nosso ser.

a resposta está dentro de você

quando estiver em pleno e sério
crescimento interno,
respeite sua necessidade de repouso

amor não é:

eu te darei isto
se você me fizer aquilo

amor é:

eu te darei isto
para que você possa brilhar

a resposta está dentro de você

amor verdadeiro não dói; o que dói são os apegos

o amor não pode causar dor; apegos causam dor. criamos apegos em nossa mente quando queremos nos agarrar a algo ou a alguém, ou quando esperamos que as coisas aconteçam de determinada forma. quando os apegos que criamos em nossa mente se rompem, sentimos profundamente a ruptura. quão profundamente, depende do quanto nos identificamos com a imagem que idealizamos. quando as coisas se dão de forma contrária a essas imagens que tanto valorizamos, sentimos a dor da tensão e a ruptura desses apegos.

apegos não são uma forma de amor verdadeiro. amor incondicional, amor altruísta, um amor sem expectativas é uma forma superior de existência que não cria apegos ou projeções. é um estado de profunda ausência de ego. expectativas e julgamentos são apegos que a mente destreinada cria repetidas vezes, gerando mais nós e fardos que impedem a nossa felicidade. a típica mente humana é eclipsada pelas ilusões do ego; o ego separa, categoriza e rotula tudo o que encontra, levando ao nosso descontentamento e a mal-entendidos.

toda a tensão mental vem de não se desapegar

estresse e ansiedade são filhos do
apego; ambos são tipos de ânsias
que nos retiram do presente e nos levam
a áreas da imaginação que se apossam de nossa paz.

criar expectativas sempre interrompe o ser

a paz te dá força
o ódio revela seu vazio
a bondade alimenta sua felicidade
a raiva revela seu medo
o amor te torna livre

como guiar a si mesmo:

1. desenvolva um relacionamento com sua intuição

2. tenha a coragem de seguir seus conselhos

só posso
dar a você
o que já dei
a mim mesmo

só posso
compreender o mundo
tanto quanto
compreendo a mim mesmo

enquanto ela nadava no oceano de sabedoria que habita em seu coração, compreendeu profundamente que tudo fazia parte dela, que ninguém estava separado dela. com a paz recém-descoberta, ela sussurrou suavemente: "eu sou tudo." foi quando se deu conta de que seu maior poder é, e sempre fora, a habilidade de amar a si mesma.

integridade
é quando mentiras
já não se colocam
entre você e
você mesmo

como melhorar sua vida:

1. fazer do amor-próprio prioridade absoluta

2. aprender uma técnica de autocura

3. criar espaço para a cura diária

4. saber que tudo muda

5. ser bom, amável e honesto com todos

não estou
aqui
para competir

estou aqui
para crescer
e ser livre

toda vez que competimos com os outros, já estamos perdendo, pois nos esquecemos de que a vida não é uma corrida a ser vencida, mas uma jornada na qual embarcamos para construir nossa paz interior e sabedoria. criamos competições inexistentes na nossa cabeça quando nos deixamos levar pelas ilusões do ego. o condicionamento hierárquico da sociedade combinado ao nosso apego ao "eu" e ao "meu" cria um quadro em que apenas alguns podem ser bem-sucedidos.

ter a competição como alicerce do mundo criou uma situação na qual a humanidade se vê assoberbada pela angústia — achamos que tínhamos de vencer, de prejudicar uns aos outros para sobreviver, mas, no momento em que nos comprometemos com esse cenário, nos afastamos de nossa liberdade individual e coletiva.

nos libertarmos desses hábitos condicionados é difícil, mas essencial, pois a felicidade e a segurança interna crescem quando liberamos nosso ego do "eu" e da ilusão da competição. a sabedoria do amor nos mostra que a vida coletiva e individual precisa renascer e ser reorganizada de forma a apoiar o bem-estar de todos, não apenas de alguns. o amor nos ensina que não estamos aqui para competir, mas para apoiar o crescimento e a felicidade uns dos outros.

a resposta está dentro de você

o amor incondicional não enxerga ninguém como inimigo

yung pueblo

minha fé
em um futuro melhor
é nas pessoas que
estão transformando a ideia
de amor incondicional
em projeto de vida

se você deseja saber
seu grau de liberdade,
pergunte a si mesmo:
"quão longe é capaz
de ir o meu amor?"

há um caminho
que podemos trilhar
no qual não deixamos
ninguém mais nos machucar,
ao mesmo tempo que amamos
todos os seres incondicionalmente

o medo busca o controle
a vingança prolonga a dor
a animosidade perturba a paz
a compaixão desperta a cura
a honestidade libera os fardos
a felicidade é se desapegar

a solidão
não irá embora
se permanecermos
longe de nós mesmos

repita diariamente:

perceba as histórias que guarda em sua mente

livre-se daquelas que causam tensão

às vezes a função das pessoas é simplesmente
nos ensinar como não agir no futuro

todo mundo tem algo a ensinar, mas isso não significa que todo mundo está certo.

houve momentos em nossa vida em que fomos um bom exemplo aos que nos rodeavam, ao passo que em outros momentos não fomos um bom exemplo. se reconhecemos nossas próprias imperfeições, isso nos ajuda a ter compaixão por todas as pessoas e a encarar todos como iguais.

só porque alguém errou um dia, não significa que errará para sempre. da mesma forma, só porque consideramos que alguém está errado, não significa necessariamente que nós estamos certos. na maioria dos casos, nos falta a informação perfeita necessária para formar uma perspectiva objetiva e universal.

é importante lembrar que somos todos imperfeitos e que todos vivemos através da perspectiva limitada do ego.

nos esforçar para aprender o máximo uns com os outros sem fazer julgamentos duros e permanentes é um sinal de sabedoria.

parte de
ser humano
é ter
oportunidades
para dar e receber
o perdão

não estou certo de quando
estarei completamente livre e curado,
mas sei que sentirei isso
com mais clareza do que qualquer outra coisa
que já senti na minha vida

ela é uma exploradora,
sem medo de viajar
dentro do próprio coração e da própria mente,
pronta para descobrir novos espaços
de cura — livrar-se de fardos
e plantar sabedoria onde quer
que sua consciência a leve

as pessoas
mais fortes
que já conheci
são aquelas
que não ferem
a si próprias

a ideia de que,
quando você se desapega
do que deseja,
isso vem até você

ir atrás de nossos objetivos e, ao mesmo tempo, nos desapegar deles pode parecer um paradoxo, mas é a forma mais rápida de conseguir o que buscamos. desapegar não é desistir; é a graciosa alameda que separa um esforço contínuo de concretizar a realidade preferida do não permitir que nossa felicidade seja controlada por algo que não temos. se continuamos apegados, tendemos a sentir inquietação ou mesmo angústia. a tensão que isso cria em nosso ser se interpõe à realização de nossos desejos.

às vezes até conseguimos o que desejávamos, mesmo sem saber como desapegar; mas nesses casos talvez sejamos menos capazes de mantê-lo, e talvez venhamos a sentir ainda mais angústia, pois nunca prestamos atenção à raiz de nossa tensão, que é a nossa incapacidade de apreciar aquilo que sempre havíamos tido.

o que ganhamos quando nos desapegamos do passado e do futuro? paz interior. encontrar a paz dentro de nós mesmos independentemente de nossas circunstâncias externas é uma forma superior de liberdade que abre espaço para bênçãos, milagres e sucesso fluírem para nossa vida. felicidade e gratidão são forças atrativas; nelas, a ausência do querer abre o caminho para que o novo se aproxime de nós com maior facilidade.

a resposta está dentro de você

a água ensina flexibilidade e poder
a terra expressa firmeza e equilíbrio
o ar proclama a inteligência e a bravura
o fogo fala de ação e crescimento

a mente
é um jardim;
o que lá resolvermos cultivar
determinará nossa prosperidade

a resposta está dentro de você

vibrações ruins
não podem feri-lo
quando seu equilíbrio
e amor são fortes

às vezes
voltamos e repetimos
um velho erro
apenas para nos lembrarmos
do motivo de termos evoluído

dar a si
tempo e espaço
para responder
em vez de reagir sem pensar
é uma forma importante
de reivindicar seu poder

o corpo sabe do que necessita;
dê ouvidos a ele — não às ânsias
da mente, mas às necessidades do corpo —
deixe-o levar você ao bem-estar

(cura intuitiva)

seus amigos
que têm a coragem
de expandir
a própria sabedoria e a autopercepção —
estes são especiais;
mantenha-os por perto

yung pueblo

as forças
do universo
apoiam aqueles
que se esforçam
para curar a si próprios

a resposta está dentro de você

mentes serenas
têm o poder
de criar
um mundo sereno

quando a mente se sente inquieta e confusa,
pode ser que algo de suas profundezas
tenha chegado à superfície, um antigo fardo
querendo sair. *respire, relaxe e deixe-o ir.*

(tempestades)

a resposta está dentro de você

sanidade é a incapacidade de fazer mal

dei a mão ao meu medo,
honrei sua existência e
lhe agradeci por me ensinar
que a felicidade existe para
além dos limites que ele cria

a resposta está dentro de você

pessoas
livres
não respondem
a mestres
a não ser
a si próprias

movimentos mudam o mundo, mas tão importante quanto fazer parte deles e construí-los para criar um mundo em que os direitos humanos sejam uma realidade para todos — um mundo onde formas sistêmicas de opressão social e econômica já não existam — é construirmos nosso próprio movimento interno e íntimo, focado na cura da ganância, do ódio e do medo incrustados em nós, que tanto caos causam em nossa vida e são a raiz que permeia o caos da sociedade que vivenciamos.

cada sociedade é simplesmente uma composição das crenças, dos consentimentos e das perpetuações de determinadas histórias por parte de seus indivíduos, que se unem para criar o mundo que conhecemos. se as histórias em que escolhermos acreditar mudarem, se começarmos a compreender que, quando causamos mal aos outros, estamos causando mal a nós mesmos — não no sentido figurado, mas no literal, da mesma forma como água faz bem ao corpo, e veneno não —, faremos rapidamente a transição para um novo mundo.

o prazer não preenche o coração
o ódio não salva
a raiva não liberta
só o amor preenche vazios
só o amor cria a paz
só o amor é capaz de libertar

o amor
é o mais
potente e versátil
tipo de mágica

o amor
é o mais forte
material de construção
do universo

não apenas
o amor
entre as pessoas
mas o amor
que te dá
o poder
de curar a si mesmo
e de mudar o mundo

ambos sabem que não estão juntos para completar um ao outro, que cada um é responsável por criar a própria felicidade. independentemente disso, o vínculo etéreo entre os dois serve a um ótimo propósito; dá-lhes tempo e espaço para amarem um ao outro o suficiente a ponto de liberarem a tensão de seu coração mal-amado. o amor mútuo não é o fim em si, mas um caminho para alcançá-lo. é uma humilde ferramenta de cura e nutrição capaz de fortalecer a mente de cada um e tornar poderoso seu espírito, de forma a poderem viajar para os recônditos mais profundos de sua mente, liberar tudo o que trava o fluxo da felicidade, nadar livremente nas águas da sabedoria e da compreensão universais.

(o amor é uma chave)

"'força'? o que você quer dizer com 'força'?"

"o que quero saber é quão sólida é sua paz interior, até que ponto você é capaz de se analisar honestamente sem julgamentos, quão ilimitado é seu amor por si mesmo e por todos os seres, e quão disposto você está a mudar para melhor?"

coragem
+
desapego
+
amor-próprio
=
uma consciência crescente

à medida que
se aprofunda nossa capacidade
de nos conhecer e nos curar,
mais bem equipados
estaremos para examinar
o mundo com mais cuidado
e curá-lo com mais
eficiência

curar-se com amor
é um processo de longo prazo

curar o mundo com amor
é um processo de longo prazo

a resposta está dentro de você

me rebelo amando mais

sempre que nos é pedido para limitarmos nosso amor, sermos seletivos com nosso amor, reservarmos nosso amor para algumas partes de nós e não outras, ou reservarmos nosso amor para algumas pessoas e não outras, fazemos um desserviço a nós mesmos se acatarmos, pois qualquer amor retido se transforma em tensão em nosso ser.

a rotina da guerra perpétua, a maré crescente de pobreza, as variadas formas de violência exigidas por nossa economia para se manter à tona e a indiferença que se espera que sintamos a respeito de tudo isso são sufocantes e estão sempre presentes. quando pensamos em felicidade, é importante nos lembrarmos de que, de maneira geral, juntos decaímos e juntos ascendemos. quem está vivo hoje nunca viveu em um mundo onde uma grande parcela da humanidade não tivesse dificuldades para ter suas necessidades materiais atendidas ou não lutasse pelo direito de ser tratada como ser humano — nós, humanos, temos a estranha habilidade, quer estejamos cientes disso ou não, de sentirmos e sermos afetados pelos infortúnios e dificuldades dos outros. a energia não encontra barreiras.

quando nos pedem para fecharmos nossos olhos e coração, e acatamos isso — por ser mais fácil do que aceitar a responsabilidade por um mundo e uma humanidade que precisam de cura, por ser mais fácil do que entender que curar o mundo exigirá de nossa parte um esforço heroico para curar nosso próprio mundo interior —, estamos diminuindo a luz de nosso futuro. é no desafio de permitir que nosso amor flua ativamente e sem limites que chegamos a um grau maior de nossa própria libertação pessoal e da libertação global para todos os seres.

dalai lama disse certa vez: "compaixão é o radicalismo de nosso tempo." é verdade. hoje nos rebelamos amando mais. quando conseguirmos enxergar e tratar uns aos outros como família, conheceremos a paz mundial.

não se esqueça
de enviar seu amor
para a terra
para a água
para o céu

como você ajudará a curar o mundo?

curando a mim mesmo e apoiando
a cura daqueles ao meu redor.
permitindo que o amor preencha
meu ser e guie todos os meus atos.
compreendendo que, se causa mal,
então não é o jeito certo.

observe.

aceite.

desapegue.

transforme.

a resposta está dentro de você

porque estar calmo em meio ao caos
é um sinal de verdadeiro poder

yung pueblo

meça
seu sucesso
pelo crescimento
da sua liberdade

a mente é muito mais vasta do que o pensamento consciente é capaz de compreender. a parte consciente da mente — a parte onde sentimos e ouvimos os movimentos de nossos pensamentos, memórias e emoções — pode parecer grande, mas é bem pequena em comparação ao subconsciente. A diminuta ponta de um iceberg flutua acima da superfície da água enquanto parte esmagadora de sua massa paira em silêncio e sem ser vista, abaixo dela — o topo é visível e proeminente, mas a parte que não se vê é muito maior e tem um efeito significativo sobre a parte que se vê, basicamente ditando seus movimentos. a mente funciona de maneira semelhante; o subconsciente e os padrões reativos que lá se acumularam ao longo do tempo, por mais que permaneçam desconhecidos ou esquecidos, têm forte efeito sobre o nosso comportamento diário.

é por isso que a liberdade não se resume nem de longe a ter mobilidade irrestrita ou necessidades materiais atendidas ou à exclusão de todas as formas de opressão externa. a liberdade é algo mais profundo do que apenas crer que se é livre no nível consciente — o consciente pode achar que este seja o caso, mas se o subconsciente continua a carregar o peso de padrões que nos causam angústia, ilusão e a dor que acompanha as reações incessantes, não somos ainda livres por completo. o maior opressor é a mente não treinada.

a liberdade cresce quando iniciamos a cura e o treinamento mental que nos ensinam o desapego e a interação com o oceano da vida de forma a não nos causar mais angústia; nossa liberdade cresce quando analisamos profundamente o que há dentro de nós e começamos a nos desapegar dos fardos que entopem a mente subconsciente. a liberdade ocorre a cada momento que não ansiamos por algo a mais.

a mente é purificada quando liberamos o peso do passado e a ânsia por coisas específicas no futuro — em especial se nossa felicidade depende de obtermos tais coisas. a mente é clara, poderosa e efetivamente decisiva quando de fato conseguimos observar o momento em que nos encontramos sem projetar nele nosso ego. a liberdade é algo que construímos dentro de nós. a liberdade é um hábito.

a resposta está dentro de você

~~encontre-se~~
liberte-se

metas:

desenvolver minha calma
cultivar minha sabedoria
expandir minha liberdade
ajudar a curar o mundo

a resposta está dentro de você

desapegando,
aprendendo,
expandindo —
sou uma feliz
obra em desenvolvimento

enviando amor a todos os seres
que todos os seres continuem a reivindicar sua força
que todos os seres curem a si e ao mundo
que todos os seres sejam felizes e livres

- intrinseca.com.br
- @intrinseca
- editoraintrinseca
- @intrinseca
- @editoraintrinseca
- editoraintrinseca

1ª edição	ABRIL DE 2023
impressão	CROMOSETE
papel de miolo	PÓLEN NATURAL 80G/M²
papel de capa	CARTÃO SUPREMO ALTA ALVURA 250G/M²
tipografia	HARTWELL E PROXIMA NOVA